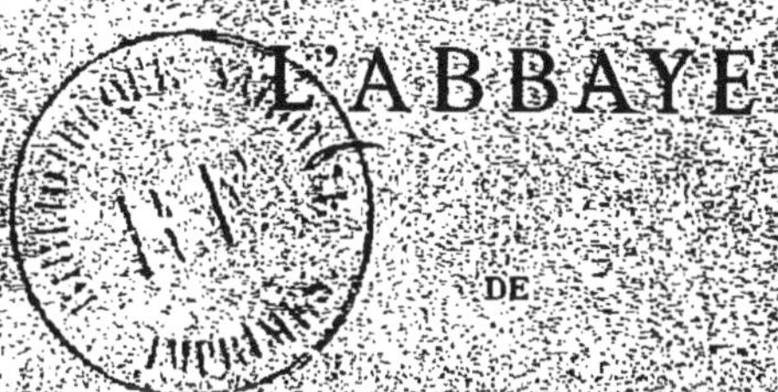

L'ABBAYE

DE

PRÉMONTRÉ

EN 1882

CAEN
IMPRIMERIE DE F. LE BLANC-HARDEL
RUE FROIDE, 2 ET 4

1882

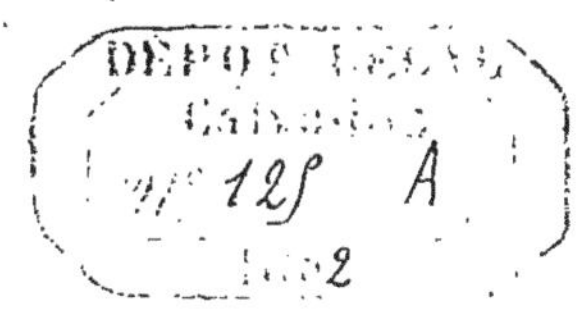

L'ABBAYE

DE

PRÉMONTRÉ

EN 1882

CAEN

IMPRIMERIE DE F. LE BLANC-HARDEL

RUE FROIDE, 2 ET 4

1882

†

Au Très-Révérend Père Joseph Willekens

ABBÉ DE MONDAYE

Mon Très-Révérend Père Abbé,

La grande et presque l'unique consolation de vos fils dispersés par l'orage est de se consacrer, dans leur exil, aux diverses œuvres du ministère ecclésiastique. Je fus donc appelé, au mois de février dernier, à donner une retraite à de saintes filles qui ont voué leur existence au soin des pauvres malades de l'asile de Prémontré.

Prémontré! nom sacré pour tous les enfants de saint Norbert! Pendant les exercices de cette retraite religieuse, mon délassement principal fut de parcourir les bâtiments, les jardins et les dépendances de l'abbaye, et de demander aux champs et aux bois qui l'entourent s'ils n'avaient pas conservé quelques souvenirs de notre saint Patriarche et de ses disciples.

Hélas ! ces souvenirs y sont rares et clair-semés. Je les cueillais jour par jour avec respect et avec une sorte de pieuse tristesse. Je n'y cherchais alors qu'une satisfaction pour mon propre cœur. La pensée me vint bientôt de faire partager à mes Confrères exilés les sentiments que j'avais éprouvés ; et j'écrivis, à Prémontré même, les notes que j'avais glanées.

Les travaux du saint ministère les ont retenues captives dans mon carnet jusqu'à ce jour. Je suis heureux de vous les offrir aujourd'hui, mon Révérend Père, convaincu que vous voudrez bien les agréer comme un très-modeste hommage de ma piété filiale, et surtout comme un adoucissement aux tristesses de la séparation.

Daigne le Seigneur abréger, dans sa miséricordieuse bonté, pour vous et pour nous tous, les jours de l'exil ! Et veuillez croire toujours, mon Très-Révérend Père Abbé, aux sentiments les plus affectueusement dévoués de votre fils soumis en saint Norbert.

Fr. G. MADELAINE,

Prieur de Mondaye.

Évrecy, 8 *Septembre* 1882.

PRÉMONTRÉ EN 1882

Prémontré a sa place marquée, dans l'histoire monastique, à côté des grands noms de Cluny, de Cîteaux et de Clairvaux. Durant près de sept cents ans, l'abbaye-mère de Prémontré fut le centre d'un ordre religieux qui eut des établissements dans toute l'Europe et au delà. Mais il ne faut plus chercher aujourd'hui en cette illustre vallée le Prémontré du XIIe siècle, pas davantage celui de 1790. Que de changements, que de bouleversements survenus sur ce coin de terre, depuis moins d'un siècle ! Enfant de saint Norbert, deux fois nous avons visité le berceau de l'ordre de Prémontré; la première fois, nous y vînmes avec enthousiasme, comme on se rend à un pèlerinage désiré; la seconde, comme à l'accomplissement austère d'un devoir qui s'impose.

La station la plus voisine est celle d'Anisy-le-Château, sur la ligne de Soissons à Laon. En se rendant à Prémontré, d'Anisy par Brancourt, le voyageur remarque deux moulins et de vastes étangs que l'on a en grande partie desséchés : étangs et moulins étaient l'œuvre des Chanoines de saint Norbert et appartenaient à la vieille abbaye. La route s'enfonce toujours dans la vallée, entre deux montagnes assez élevées : bientôt vous êtes au milieu de la petite bourgade de Prémontré, qui compte 150 habitants environ. Voici un modeste hôtel de village, à l'enseigne de *Saint-Norbert*. Si, à ce point, vous vous arrêtez un instant, vous pourrez visiter, à votre gauche, la *place de Prémontré*, qui porte aussi le nom du célèbre fondateur. Un peu plus loin, à l'entrée de la forêt, du côté du couchant, coule une source limpide, que les habitants continuent d'appeler la *fontaine St-Norbert*. De la *place de Prémontré*, vous distinguez devant vous, dans la direction de l'abbaye, les ruines d'une petite église, qui se nomme aujourd'hui encore *l'église St-Jean*. Les fenêtres et les portes dont on voit les restes accusent le style du XVIIIe siècle. Il paraît certain que cet humble sanctuaire servait autrefois pour le petit groupe paroissial de Prémontré. Ce sont là les seuls souvenirs de saint Norbert que l'on puisse retrouver aujourd'hui dans ce hameau de Prémontré qui lui doit son existence ou du moins sa notoriété.

Revenez sur vos pas : vous voici dans l'avenue qui conduit directement à la porte principale de l'abbaye. Les vastes jardins que vous laissez à votre gauche étaient anciennement les jardins de l'Abbé de Prémontré. Un vieillard du pays racontait encore, il y a une vingtaine d'années, comment les Abbés Prémontrés, qui arrivaient pour le chapitre général, traversaient processionnellement la majestueuse avenue. Le bon vieillard n'avait pu voir que des chapitres *nationaux*, comme il s'en tint à Prémontré, de 1770 à 1789; le dernier chapitre, vraiment *général*, eut lieu en effet en 1738, sous la présidence de l'abbé Lucas de Muin.

Je viens de relire, ici même, dans les *Statuts* de l'ordre de Prémontré, le cérémonial d'ouverture de ces grandes assemblées, et il est facile de les ressusciter par la pensée. Voici à peu près le point de l'avenue où se réunissaient en costume de cérémonie les Abbés et les autres membres de l'imposante réunion. Ce devait être un beau spectacle de voir défiler cette blanche procession, le 4e dimanche de Pâques, habituellement au mois de mai. Elle entrait par la porte méridionale de l'abbaye, traversait la vaste cour d'honneur, et, inclinant à gauche, se rendait à l'église du monastère, au son de toutes les cloches. Après la messe solennelle du Saint-Esprit, tous les *Capitulants* se rendaient à l'*Aula capitularis*, vaste bâtiment situé au midi de l'église.

Mais à quoi bon réveiller le souvenir d'un passé qui ne pourra plus revenir? Nous avons franchi

la porte d'entrée : nous sommes dans la cour d'honneur. Devant vous, vous avez ce qui subsiste du grand bâtiment, commencé par l'abbé Claude-Honoré-Lucas de Muin, qui gouverna l'Institut, de 1702 à 1740, et achevé par son second successeur, Bruno de Bécourt (1741-1757). Seul, le milieu de la façade est intact et dans toute sa hauteur ; les deux côtés ont été abaissés, et l'étage supérieur a disparu au moment, paraît-il, où la verrerie de **MM.** Deviolaine occupait l'abbaye. Vous êtes, malgré ces mutilations, saisi des proportions grandioses de l'édifice. L'homme du monde peut admirer sans réserve le goût de ces moines qui avaient partout le talent de *faire grand ;* peut-être le saint Fondateur eût-il regretté « la maison de sa pauvreté. » L'ancien vestibule de ce bâtiment est devenu la chapelle de l'asile des aliénés, et sert aussi d'église paroissiale aux habitants de Prémontré. Ce vestibule était, pense-t-on, l'entrée de la grande salle du chapitre général qui venait s'y adapter perpendiculairement. L'édifice lui-même aurait été destiné à loger les Abbés et leur suite, lorsqu'ils venaient assister aux chapitres généraux de tout l'Ordre.

Si, de la chapelle, vous rentrez dans la cour d'honneur, vous avez, à votre droite, l'*abbatiale !* vaste bâtiment à deux étages ; c'était l'habitation de l'Abbé général et de toute sa maison. L'on y admire encore l'escalier d'une hardiesse remarquable, et qui pourtant ne rappelle que de loin le célèbre escalier en fer, situé au chevet de l'église abbatiale. La destruction de cette merveille arrachait des larmes au Père Lécuy, dernier général de Prémontré. La rampe de l'escalier de l'abbatiale porte la date de 1746, avec l'écusson du Père Bruno de Bécourt. Les somptueux appartements de l'abbatiale servent aujourd'hui au logement des malades admis comme pensionnaires dans l'Asile.

A votre gauche, c'est-à-dire au levant, vous voyez un bâtiment à peu près semblable à l'abbatiale pour les proportions et le style, moins vaste cependant; c'était la *Procure*, la demeure du Procureur ou Économe du monastère; là aussi apparemment étaient reçus les hôtes de l'abbaye. Actuellement la *Procure* sert à loger les dames malades admises à titre de pensionnaires.

Ces trois grands bâtiments n'étaient point l'abbaye elle-même; ils étaient complètement en dehors du monastère proprement dit. Le carré claustral, plus simple que ces constructions nouvelles, s'élevait derrière, au nord. L'*Aula capitularis* reliait, ainsi que nous l'avons déjà constaté, les bâtiments élevés par les abbés Lucas de Muin et Bruno de Bécourt, à l'église et à la communauté. L'église de Prémontré, orientée au levant selon les règles liturgiques, était encore, ou à peu près, le bel édifice roman bâti par saint Norbert et ses premiers disciples en neuf mois, et consacré le 4 mai 1122. Du monastère et de l'église il ne reste plus rien ; on a bâti dessus les diverses *sections* pour les aliénés. Nous avons vu le puits qui était anciennement dans l'intérieur de l'église; on a tout lieu de penser que les cuisines de l'Asile occupent une partie de l'emplacement de l'église bâtie par un Saint. Il y a quelques années, lorsque l'on construisit les *sections*, on déterra des centaines de têtes et des monceaux d'ossements ; c'étaient les anciens Prémontrés dont on remuait les cendres ; le tout fut jeté pêle-mêle dans les nouvelles fondations (1).

Au moment où la Révolution vint briser l'existence des communautés religieuses en France, l'on allait bâtir à Prémontré une nouvelle église déjà projetée par le général Bruno de Bécourt. C'eût été un temple dans le genre du Panthéon de Paris ; ainsi le voulait le goût du temps. Les plans et dessins de la nouvelle église sont conservés à la bibliothèque publique de Laon. Elle se serait élevée à peu près au levant de la façade principale, qui subsiste encore.

Parmi les constructions récentes, faites pour les besoins de l'Asile, l'on remarque de vastes bâtiments d'une date assez ancienne. Tout à fait

(1) Voir l'*Archicœnobii Præmonstratensis prospectus exterior*. 1656.

au nord, au fond de la basse-cour actuelle, l'on voyait, il y a trois ans, des constructions remontant au saint Fondateur, des restes du *Xenodochium* élevé par le Saint, et quelques débris du monastère des Religieuses Norbertines qui furent transférées à Rosières vers 1140. Un violent incendie consuma, en 1879, ces restes précieux épargnés par le temps et par l'impitoyable spéculation.

Les murs d'enceinte remontent, au moins en grande partie, à la première fondation, notamment la partie qui est longée par la route de Prémontré à Septvaux. Il est visible qu'ils ont été restaurés à plusieurs endroits. Ces murs formaient un polygone très-irrégulier. Ils étaient percés par quatre portes correspondant aux quatre points cardinaux. La porte du nord s'appelait la porte St-Jean ; elle a été conservée. La porte Rouard s'ouvrait à l'ouest. La porte méridionale était et est restée la porte principale, donnant accès au village de Prémontré. A l'est était une quatrième porte qui a été obstruée; on la distingue encore sur la route de Septvaux.

On le voit, il reste bien peu de souvenirs de saint Norbert dans une maison qu'il avait bâtie lui-même. La chapelle de l'Asile lui est dédiée; il y possède une modeste statue. Au fond du sanctuaire, du côté de l'Épître, l'on remarque un portrait du Saint, qui porte pour inscription :

Vera effigies S^ti^ Norberti... M. le docteur Viray, directeur de l'Asile, l'y fit solennellement installer le 11 juillet 1877. Au delà des *sections*, vers la porte St-Jean, une chapelle qui sert pour les inhumations des malades porte le nom de saint Norbert; elle paraît être du XIVe siècle.

L'on dirait que le sol lui-même s'est montré plus fidèle que les hommes à la mémoire du grand Bienfaiteur de cette contrée. Du haut de la promenade qui règne au-dessus du bâtiment principal, l'on voit parfaitement se dessiner le corps et les bras de la croix merveilleuse qui apparut dans la vallée, en 1120. Une grande croix, dit le récit contemporain, éclaira le désert de Prémontré. De nombreux pèlerins, habillés de blanc, venaient, avec des flambeaux et des encensoirs, adorer le Sauveur crucifié. Puis, après s'être donné le baiser de paix, ils se partageaient et s'en allaient aux quatre vents du ciel prêcher l'Évangile. Cette vision illuminait l'avenir du nouvel Institut, et lui révélait son rôle dans l'Église de Dieu. La croix est restée comme empreinte sur le sol; pourquoi faut-il que les enfants de saint Norbert n'y puissent plus venir adorer J.-C., et recevoir ses ordres pour leur ministère apostolique ?

Dans l'enceinte des murs de l'antique monastère, tout évidemment a pris une allure séculière et laïque. L'on voit encore cependant la croix au clocher qui surmonte la façade principale. Les armoiries abbatiales ont été respectées. Une statue de la Vierge, patronne de Prémontré, se trouve au-dessus de la porte d'entrée. L'aumônier de l'Asile, en même temps curé de Prémontré, est un disciple de saint Norbert, bien que le malheur des temps l'oblige à porter l'habit séculier. Enfin, vingt-cinq sœurs de la Charité, venues de la maison-mère de la Roche, au diocèse d'Annecy (Savoie), desservent l'Asile. Elles sont placées sous la protection de saint Vincent de Paul. La présence de ces religieuses dans l'établissement console un peu le cœur du visiteur qui se souvient du passé historique de Prémontré.

Le visiteur, je devrais dire le pèlerin, qui a souci des gloires de ce coin de terre privilégié, ne pourrait quitter la vallée sainte, sans se rendre à l'endroit de la forêt où arriva Norbert, en venant de Laon avec l'évêque Barthélemy de Vir (1119). Il faut marcher pendant près d'une demi-heure, et tourner la montagne, au sud-est de l'abbaye, pour le rencontrer. Il y a un siècle, les religieux de Prémontré venaient y faire leur promenade, et ils y avaient fait placer des bancs en pierre pour s'y reposer. Aujourd'hui rien absolument, pas même une croix commémorative, ne rappelle au passant qu'en ce lieu un illustre serviteur de Jésus-Christ resta toute une nuit en prière, et qu'il y reçut du ciel la célèbre vision qui détermina la fondation de Prémontré.

Voilà donc ce qu'est devenu le berceau d'un grand ordre religieux. *Quomodo obscuratum est aurum, dispersi sunt lapides sanctuarii?* (Jérém.). Ici même, sur cette terre sanctifiée par les vertus de saint Norbert et de ses disciples, je relisais, avec une pensée de tristesse, les pages consacrées à Prémontré dans une histoire locale. L'auteur conclut à peu près en ces termes : « L'Abbaye « chef d'ordre, qui compta en Europe et en Asie « jusqu'à 2,000 monastères, est devenue un asile « d'aliénés ! Étrange succession des choses hu- « maines! Là où vécurent des hommes de travail, « de pensée et de vertu, vivent aujourd'hui ceux « que le malheur ou le vice ont découronnés, en « leur enlevant le rayon d'intelligence qui fait « l'homme. Sur les tombeaux profanés des sei- « gneurs et des abbés, les fous promènent leur « éternel sourire; et, sous les voûtes qui portaient « au ciel les chants de la prière, l'on n'entend « plus que les hurlements des *furieux* et des « *agités* (1). »

L'Ordre, qui prit naissance en cette vallée bénie, a subi, lui aussi, le choc des révolutions humaines. Admirable d'expansion et de vie au XIIe et jusqu'à la moitié du XIIIe siècle, il se replia peu à peu sur lui-même. Les guerres féodales, les invasions

(1) *Histoire du canton de Coucy-le-Château*, par l'abbé Vernier (Paris, Dumoulin, 1876), p. 285 à 326.

des Tartares et des Turcs, les luttes religieuses du Protestantisme en Allemagne, en Danemarck, en Suède et dans les Iles Britanniques, l'amoindrirent et le mutilèrent successivement. Au XVIIe siècle, une réforme vigoureuse lui fit retrouver quelque chose de son premier éclat. La Révolution française vint briser tous ces généreux efforts. Il ne reste plus à l'ordre de Prémontré qu'une dizaine de monastères dans l'empire d'Autriche, six ou sept en Belgique et en Hollande, un ou deux en Espagne. En France, les décrets du 29 mars 1880, et l'expulsion violente qui les a suivis, ont brusquement arrêté la restauration de l'Ordre recommencée depuis vingt ans environ.

L'Institut de saint Norbert peut vivre encore; mais ses enfants reparaîtront-ils, un jour ou l'autre, à Prémontré ? Il ne paraît guère que la chose soit possible. Ce qui a survécu des bâtiments monastiques est entre les mains du département de l'Aisne, et sert à un usage que réclame toute société humaine : il semble bien que ce soit là une situation définitive. Lorsque des jours meilleurs luiront en France pour les associations religieuses, peut-être serait-il possible d'élever, sur quelque point de la vallée de Prémontré, un modeste monastère, lequel consacrerait de nouveau à la religion le berceau d'un Ordre qui rendit à l'Église et à la société tant de services.

Nous ignorons l'avenir; ce que nous savons,

c'est que l'heure présente est pleine de tristesses. Sur les ruines de la grande abbaye, mère de tant d'autres monastères, nous ne pouvons que redire, avec une amertume tempérée par l'espérance chrétienne, cette belle invocation de la liturgie des Chanoines réguliers Prémontrés :

Splendor paternæ gloriæ,
Nos gementes aspice;
Tuique gregem Norberti,
Summe Pastor, dirige,
Ut is tandem in cælestia
Deducatur pascua.

« O Verbe, splendeur de la gloire du Père,
« abaissez vos regards sur nous qui gémissons;
« Pasteur suprême, daignez diriger le troupeau
« de Norbert votre serviteur; daignez le conduire
« enfin aux célestes pâturages (1). »

Prémontré, le 20 février 1882.

(1) *Brev. Præmonstr.* In festo S. P. Norberti. XI Julii.

Caen, Typ. F. Le Blanc-Hardel.

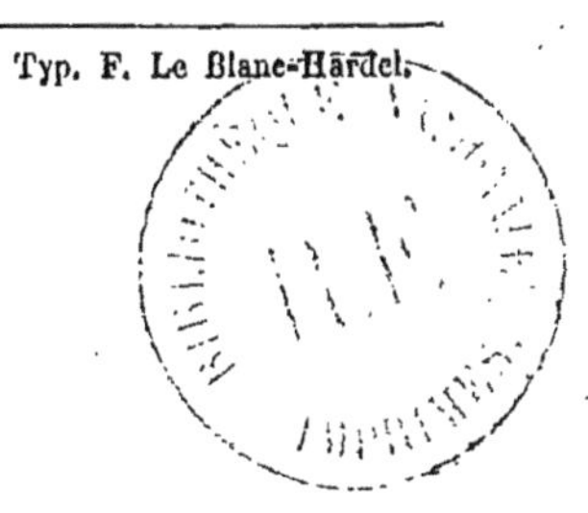

www.ingramcontent.com/pod-product-compliance
Ingram Content Group UK Ltd.
Pitfield, Milton Keynes, MK11 3LW, UK
UKHW021019220726
13924UKWH00001B/74